Colección #18

«Algo para vivirlo»

Amaury González Reyes

OASIS&ALAMBIQUE
PUBLISHING

Published by:
OASIS & ALAMBIQUE PUBLISHING CORP.
Miami, Florida
(c) 2020 Amaury González Reyes
~Colección #18: "ALGO PARA VIVIRLO"

ISBN- 9798672424521
BISAC: Literary Collections: Essays/Poems/Diary

Esta colección #18 fue terminada en Guaynabo, Puer-
to Rico, en el mes de septiembre del 2001.

TÍTULOS

1- <u>HE RECIBIDO TU MENSAJE</u>

Hoy temprano cuando llamé a mi amigo
me dio la noticia que me donó alivio;
informándome que ayer lo habías llamado también,
y preguntabas cómo yo estaba…

Hoy sé de ti
y cada día más te quiero;
nunca dudes de mí
que yo por tu Ser espero.

Hoy una carta te escribo,
más amo a Dios y a ti;
vuelvo a decirte del recibo
de tu amor dentro de mí.

Yo quisiera secar el mar,
agrandar la tierra;
ir corriendo y poderte buscar
para que acabe esta guerra.

Sólo contigo tengo paz
desde que te encontré;
supe que no habría jamás
alguien como tú, cuando te hallé.

Este mensaje telefónico
me pone alegre y triste;
con desespero afónico
porque te veo y no existes…

2- <u>ESPOSA MÍA</u>

No hay perlas, oro, ni sedas
cuando la falta del ser que amas,
ausenta el espacio de tu cama.

A ella, esposa mía, que quiero tanto;
a ella que llamo siempre en llanto…
Sin su vida y valor, estoy perdido;
es un aliento tan profundo y tierno,
que no tenerla me va matando.

Voy llevando un sendero de estrellas apagadas,
con luz de melancolía.
Así es, la ausencia de la esposa mía…

Yo la necesito como el caballero a su espada,
como la cabeza necesita la almohada.
Es la mujer que sueño,
la niña que me hace su dueño;
diamante del cariño, de su vientre y pechos,
soy un niño…

Esposa mía, la única, la última,
la primera, la más,
la que por siempre amaré.

Esposa mía, la que me cuida por días,
la barca de mis alegrías, mi fantasía,
la dulzura de mi manía, la filosofía…

Cuanto más la pienso,
es incienso,
un fuerte perfume que nada me lo quita.
¡Larga eternidad para la esposa mía!

3- <u>NO ESTOY TAN SOLO</u>

Me rio de mi nariz, al ver su sobresaliente protuberancia,
le pregunto a la lógica, si ya le ganó a la ignorancia.
Me sigo mirando en la sombra mía,
para asegurarme que alguien no me espía.
Y por tanta analogía,
no me quedo solo ni un día;
porque me retuerzo en la cama,
oigo una voz desde adentro que me llama.
La ducha es otra que da calor,
sobre todo, porque recuerdo el cuerpo de mi amor;
hasta el cepillo de dientes,
parece que describe sus esculturales simientes.

No puedo estar solo,
cuando escribo mil poemas en este Polo.
Aquí, donde una silla, una mesa inmóvil
las utilizo para hacer mi sentimiento todo móvil.
No estoy tan solo en este cuarto inexacto,
cuando ella está conmigo, en cada acto.
Nunca se ha quedado en otra parte
porque vive aquí, en el aire de mi arte.
Es el abrigo que llevo puesto, la colcha que me tapa;
es el frío, la sensibilidad que me atrapa.
No estoy tan solo, cuando tras la puerta
me sale su imagen, como una profecía cierta.
No estoy tan solo,
aunque esté sin ella, o en el mismo Polo.

4- <u>UNA INMENSIDAD ENTRE LOS DOS</u>

Los siete mares nos separan,
los cuatro océanos nos alejan,
hasta las estrellas y la luna,
las canciones, el sol, la duda...
¡Cuánta separación entre los dos!
El tiempo, las noticias, y sólo Dios
es testigo de mis sufrimientos por ti,
al estar preso, perdido como Haití.
Hay distancias entre mi pensar,
entre los pinos de nuestro pinar;
en cada manantial de tu bosque
me prohíben el agua con un bloque.
Es una inmensidad entre los dos,
como la esperanza de una voz
gritando en el precipicio su eco,
buscando también estoy mi ego
porque no aparezco en la lista,
de donde se fabrica esta revista.
¡Tan distinto todo a tu lado!
El té, los paseos, lo enamorado.
¡Cuántas metáforas en ti!
Poesías, rosas, playas, universos, alegrías,
pero mientras más te quiero más lejana
y ahora a secas tengo, la mañana.

5- <u>EN LA DUDA, ABSTENTE</u>

Para los que se marchan
y no saben para dónde irán…
Siempre una misma historia
u otras cosas, para verse en la gloria.
Luego, piensan siempre lo mismo,
que se caen en un abismo.
Y poco después, no saben cómo están,
entonces, ¿por qué demonios se van?

Igual para los que ven algo a hacer,
y después lo desean aprender.
No se conocen sus preferencias,
ni sus actitudes, haciéndose creencias.
Así, cometen miles de errores,
y la duda los acusa de pecadores;
¿cómo van a realizar profesiones
sin antes haber tomado lecciones?
En la duda, abstente,
no te guíes por un demente.

Y para creer, está el Papa,
porque la duda todo lo tapa.
Si hay dudas en algo, levántate,
que para hallar este, es un empate.
En la duda, abstente,
olvídate del azar, y lo corriente.

6- <u>PESADILLAS SIN NOMBRE</u>

Como el ave que va a emigrar,
como un fantasma en la oscuridad;
sale un suspiro que toca el alma,
que enturbia hasta el agua clara.

Así es tu amor en mi piel llana,
una esperanza que jamás acaba.
Por eso cada mañana te amo, Amor;
te amo, te amo, te amo y te amo…
Porque amaneces a mi lado.

Es como soñar sólo pesadillas,
es un escorpión contra tus manías;
y yo aquí, muriendo sin ti,
buscando encontrar un escape por ahí.

Voy contando los segundos,
agonizando en vida, no querer vivir,
viviendo en resistencia.
Necesito una mujer,
la que Dios me envió…
Una pasión ausente,
algo que sea de dos,
mi media naranja.

Estoy solo en el jardín, me veo fatal,
le tuerzo el cuello al Existir.
Soy un paquidermo, ¡para qué tanto vivir!
La vida debe estar equilibrada.

Estoy descompensado,
no compongo poemas,
solamente son pasatiempos.

7- <u>LA BARCA DE NOÉ</u>

Con ciento treinta y cinco metros de largo,
para los que no subieron fue amargo…

Con veintidós y medio de ancho,
el que lo hizo no era el burro de Sancho.

Fue Noé, el escogido del Señor,
que vivía en fidelidad de buen servidor.

Después, un retoque de trece y medio de alto,
con tres pisos, las especies montaron de un salto.

Así, Noé construyó su Barca, con la escritura
que Dios le diseñó, para su arquitectura.

Cuando la obra estuvo concluida llovió,
vino el Diluvio sobre la Creación que no fructificó.

Al constructor no le gustaba ya como su casa estaba…
Había tanta suciedad en el mundo, que mucho degradaba.

El Diluvio duró cuarenta días y cuarenta noches;
la gran Barca subió, no hubo tiempo para reproches.

Cada pareja escogida sobrevivió al naufragio,
el Mal nunca logró ser un sufragio.

Dios entregaba de nuevo las tierras fregadas:
de pecados, de falta de fe y de almas malvadas.

Noé bajó de la hermosa Barca
con sus hijos y esposa, y tocaron el Arca.

Y con acordes melodiosos y alabanzas de lealtad;
hoy aquella Barca, se nombra «Libertad».

8- <u>LO LÓGICO DE LA LÓGICA</u>

¿Qué es la lógica? Puede ser tanto…
Como cuando se le pega al niño y suelta el llanto.

¿Qué puede ser lógico? La distancia del lector
entre la nariz y el libro, pero si es observador
analiza, de lo contrario, hay un gran abismo
entre el espacio de los ojos y él mismo.

¿Qué puede ser la lógica? Llegar a la razón,
convertir tu filosofía en la real emoción.

¿Qué es lo lógico? Buscar lo que se sospecha,
no esperar lo que venga o lo que se acecha.

¿Qué es la lógica? No vivir en contradicciones
cuando hay que hallar en el mundo soluciones.

¿Qué es lo más lógico? Ser como se siente;
no hipócrita ni mentir, es ya suficiente.

¿Qué es lógico? Ver un anciano y ayudarlo,
dar dinero al pobre, ver un animal y no estropearlo.

¿Qué es lógica? La fe en el omnipotente,
llevarse por lo correcto y lo justo, exactamente.

Esto es algo de lo lógico en la lógica,
convertir la tentación en nula e ilógica.

Saber que el sueño se hace realidad,
pero hay que usar la lógica con la verdad.

El Bien es la lógica. Pensar en lo bueno,
no robar las malas ostentaciones de tu seno;

la lógica debe tener un motivo lógico
y no un andar imprudente e ilógico.

9- <u>SALIR DE PRISIÓN</u>

Al salirse de prisión
es como recuperarse en un hospital;
será la anestesia de una operación,
después de cumplir en la Federal.

Aquí, se está en recuperación,
con los colores blanco y cremado;
sin sentir los rayos de solarización,
delicados, como un recién operado.

Pero la prisión es una escuela
para el que la sepa aprovechar;
ella te deja una buena secuela,
si tú la logras bien estudiar.

Esto es para la duda o la razón,
descubrir quién es el culpable;
y muchos sanos hay al irse de prisión
porque el tiempo pensó y fue amable.

Aquí, se pone buena insulina,
te diagnostican la igualdad;
hasta desprendes más adrenalina
al valorar de una vez, la libertad.

10- <u>DAME UNA SEÑAL (CANTOS)</u>

En las noches me siento decaído,
cuento las horas, van muy lentas…

Ven a mí ahora, no me dejes morir,
sólo dame una señal, que vas a venir.

No rompas mis ilusiones, hazme nacer,
mira que, sin ti, no soy nada, tráeme placer;

borra esta amargura, que me quema por dentro,
dame una señal, que estaré en tu centro.

Dame una señal para sentirme vivo,
burlar la pereza, que el dolor recibo.

Dame una señal para que lata mi corazón,
déjame una señal, que, sin ti, soy desolación.

Hay veces que no respiro, queda nada de mí,
mírame y dime, ¿quién soy ahora sin ti?

Dame una señal, migajas de tu pan,
vuelve a tu presencia, que mis deseos no se van.

Soy el remolino, las aguas turbias del arroyo,
estoy abandonado, como sin madre un pollo.

Dame una señal, algo que pueda esperar,
dame la esperanza, que me volverás amar.

Ven a mí ahora, no me dejes morir,
sólo dame la señal, que vas a venir…

11- <u>SABOR A NADA</u>

Como el gusto insípido del agua,
tengo este sabor a nada…
No sé si tuve Amor
o vivo incoloro como el aire.
Estoy falta de color, de sabor.
Ya no sé si tengo paz o alas,
si soy tonto o lógico,
todo tiene sabor a nada.
No me siento deprimido
ni muchos menos decaído,
pero me parece que la vida
se ha parado, que está detenida.
Busco sin querer buscar,
las sombras parecen libertad.
Cuando recuesto mi cara a la almohada
parece que me enterraron en mi tumba,
y duermo sin la huella de un ronquido.
No entiendo, ¿por qué tan tranquilo?
Mi inconsciente, mi sensibilidad…
Es como las palabras que no dicen nada,
cuando una música suena y no es escuchada.
Y así estoy, con sabor a nada,
con voces sin cuerdas vocales,
como una patria sin patriotas…
Soy no más
que, de los Federales, una mascota.

12- <u>NO ESPERABA LO QUE TENÍA QUE ESPERAR</u>

Nunca esperé nacer,
ahora espero la muerte.
Jamás imaginé crecer,
hoy corro con suerte.

Tuve que trabajar,
siempre fui holgazán.
Después aprendí amar,
vi que si no te quieren se van.

No sabía ser bueno,
ahora es una necesidad.
He tomado sereno,
esperando la realidad.

He conocido eruditos,
testigos de bares.
Descubrí los mosquitos,
atrapé sirenas sin mares.

Siempre he esperado,
lo que nunca viene.
Siempre ha llegado,
lo que jamás conviene.

Voy rellenando vacíos,
cosas que no son completas.
He cruzado tantos ríos,
que matan las escopetas.

Hasta para reír hay que aprender
o loco no pierdo;
que a la ignorancia reprender,
no sé si cuerdo…

Tuve que esperar
que llegara la paciencia.
Sentir el soñar,
que lo vivido es experiencia.

No se puede conocer,
si no intentas estudiar.
¿Cómo se lograría ser
cuando hay que investigar?

Idiota es quien quiera,
alguien que es mentecato.
No es sólo tener madera,
hay que hallar lo sensato.

Y nunca esperé así pensar,
algo que no pensé.
Ahora creo esperar,
resultado por lo que esperé.

13- <u>FARA</u>

Encontrarme contigo, no quiere decir que te conozco,
pero que me impresionas, lo reconozco;
porque, aunque no te conozca te puedo encontrar,
en mis pensamientos, en Flagler Street o en otro lugar.

Si llegara a ser tu amigo, no será por coincidencia,
será por las siluetas tiernas de tu presencia,
de las manos de nuestras raíces en nuestros bolsillos,
tras nuestros pasados y las marcas de unos anillos.

Yo soy… que sé yo, un poco tonto con cada persona,
pero te conocí, y tal vez, porque eres de mi zona,
me llamas a la incertidumbre de apasionar los recuerdos,
de apretar más fuerte mis labios en acuerdos.

Una amistad puede ser como una planta seca en el otoño
pero si comienzas a echarle agua, suelta un lindo retoño;
así podemos hacer nosotros: tú la planta y yo la regadera;
tú beberás del vino dulce de las gotas de mi manguera.

Quizás, así de repente, sabrás descubriendo en tu pecho
que este que hoy te escribe, es tu amigo con derecho;
no olvides que nunca haré lo que tú hiciste el primer día;
pero no te guardo rencor, porque es parte de mi filosofía.

14- <u>DOS POEMAS PARA FARA</u>

Te has quedado colgada en mi mente
como cicatriz en la piel;
y quiero saber sinceramente
¿por qué luces a miel?

Un día, ya han pasado dos
y me pareces más de un año;
cuando de pronto escucho tu voz
como tesoro de antaño.

Y sueño con esa playa,
con las promesas de conversar;
de digerir los hilos de una toalla
cuando te tenga que esperar.

Estos son tus dos primeros poemas,
las primeras pinceladas de mi corazón;
porque regalarte una flor sin emblemas
me hace faltar a la razón.

Y qué viva Varadero en tus pupilas,
que las olas salten en tu pelo…
Mientras que yo marque en las filas
para llevarte al cielo.

15- <u>CARTA IMPROVISADA</u>

En estas tertulias de tristezas, a las páginas del Olvido que se escriben en blanco. Con las fantasías del racionamiento, a la vista del ciego. A todas las palomas que vuelan sin valle. Con ternuras que se sienten en vano. Aquello que se hace y no es lo que se quiere hacer. A todas esas felonías del destino, yo les canto con dudas del alma... Esto es un anonimato al mundo que gira sobre un eje, a los países que no hablan marciano. Para el sordo que puede ver. Esto es la caja de música de un poeta.

Las ilusiones oscuras de un pobre. Son grilletes lo que llevo puesto en mi musa en estos intervalos. Soy un carretón de desavenencias. La mirada de los extranjeros. Puedo escribir como Neruda, los versos más tristes, pero con la diferencia que los míos son por el día...

Cada palabra, cada letra improvisada, es un recuerdo de mi país. Aún siento el calor de casa, la voz de mis padres. Es increíble que hoy viva así... Soy un trozo de peregrino. Aunque todavía pueda volcar la nieve. Vender McDonalds en Alaska. Soy un campesino, escribiendo mil poemas locos.

16- ¡QUÉ TRISTEZA ESCRIBIRÍA ESTA NOCHE!

Esta noche no saldrá el sol…
¿Cómo podría salir en la noche?
Igual se puede cortar un roble,
pero ¿por qué matar un ser noble?
Esta noche lo lindo sería un crisol,
una ventana abierta para un rayo de Sol.
¡Y sé que no habrá sol ni Luna!
Pero ¡qué noche para escribir tristezas!
Una futura madrugada sin la amada,
es una noche sin encontrar tu almohada.
Esto es como el llanto del niño;
un llanto bajo una oscura luz de luna.
Es cortar el roble, negar el cariño,
es recordar poniendo el alma en ayuna.
Esta noche no cantarán los pajarillos,
¿cómo van a cantar si dormirán?
¡Es tan triste esta noche!
Igual cuando dentro del bosque, en la noche ando…
¡Qué tristeza escribiría esta noche!
Puedo tomar el vino, morder el pan;
pero, no correrá el río por su canal.
Y el llanto del niño, el corte del roble,
son cosas que tronchan esta noche en mí.
Siento, lo puedo palpar, lágrimas cayendo;
el golpe continuo del hacha destruyendo.
Será una noche triste,
¡de tristezas para escribir!

17- <u>LA AMÉRICA DE COLÓN</u>

Esta confusión le costó cara al amigo Colón;
trocó la ruta de Las Indias, por un callejón.
Si hoy viniera el gran Almirante y conociera al tío Sam,
de seguro se sentará en McDonald mirando el Sanjuán.
Se tomaría una pastillita para el mareo,
por tal de no caer al suelo…
La Santa María se hundiría sin dudas,
con lágrimas por desconsuelo.
De los indios que halló, hoy son caníbales,
caciques políticos…
Del idioma que por mayoría implantó,
se habla con otros cantitos.
Sólo se traumatizaría observando las culturas,
con una mixtura lingüística que está
en cada país que él descubrió,
como si fuera una veta artística.
Si pasara por la Isla Juana no diría:
¡Es la tierra más hermosa!...
Pudiera ser que se le paralice el corazón
y exclame: ¡Cómo han cambiado las cosas!
¡Ay! Pobre de Colón, descubridor de América
con miles de esfuerzos.
Si volviera a tratar de colonizar el Caribe
seguro que traería más refuerzos,
hasta un siquiatra metería en su goleta,
una computadora, lenguas extranjeras y unos lentes;
todo un mundo dentro de su maleta.

18- <u>UNA CAJA CERRADA</u>

Es un aire comprimido,
un oxígeno sin salir;
que poco puede ocurrir
en este tramo omitido.

Es una caja cerrada
con polvo bien oculto;
es un silencioso culto
de la querella callada.

Rostros opacados sin luz,
una inmensidad acortada;
cuando la vida es acotada
como medida para una cruz.

Dentro de este recipiente
acusando la soledad;
se descubre tu verdad
olvidando lo que miente.

Este es el ataúd sellado
con hombres vivos-muertos;
los tormentos más inciertos
que ponen al ser enfriado.

19- <u>CAYENDO EL SOL</u>

Ya cayendo el sol sobre el horizonte
una capa de ternura en él va;
y colgando la montura en el monte
un platillo volador te dará.

Así es, un amor triste y callejero,
por el día es resignado con versos;
pero después del crepúsculo esmero,
un guardián librado sin universos.

Es un azar, encontrarlo esdrújulo,
llenando unos rincones astillados;
se ha ido el amor en el crepúsculo
como marineros a la mar, callados.

Cayendo el sol, se deprime el ego
y sin un amor, la vida es basura;
la conducta perdida que no alego,
la misma capa triste de ternura.

Y al embalsamarnos en lo perdido,
no se consuela más que el sufrimiento;
la mirilla de todo lo querido,
en croquis de aliviar el pensamiento.

20- <u>ÁGUILA NORTEÑA</u>

Hay algo en mi mente
que quiere salir y no sale;
interiorizo un águila que solamente
lava el sangriento dolor que vale.

Un vaivén de conductas extranjeras,
mueren a favor de un ave rapaz;
quien endulza café con romeras
bebe un sorbo del sentir incapaz.

Invierte en garras conquistadoras,
quiere la presa entre su pico encorvado;
usa sus pezuñas como ametralladoras,
aniquila al ciervo recién amamantado.

El águila vuela fuera y dentro
de su territorio sin pensar nada;
compensa su instinto como el centro
del pánico de una manada.

Pero un día, el águila caerá,
un cazador lejano y oriental,
a punta de cañón disparará
contra el feroz animal.

21- <u>SÉ QUE EXISTE</u>

Sé que existe
como este lunar que llevo plasmado en mi cara.
Sé que existe
como las hojas verdes y secas,
que cuelgan en primaveras y otoños en los árboles.
Sé que existe
en la retroalimentación de mis recuerdos,
cuando la veo en su foto, guardada en mi cerebro.
Sé que existe
como Dios, el cielo y sus estrellas,
que, como yo, ella vive…
Sé que existe
como los veinte poemas de Neruda
y su canción desesperada.
Sé que existe
hasta por debajo de mis parpados
cuando la miro, aunque no esté.
Sé que existe
como este amor que siente mi corazón,
protagonizado por ella.
Sé que existe
hasta en los libros que leo, en mi musa está.
Sé que existe
con los mismos dones dentro de mí,
como la diosa Afrodita.
Sé que existe
como el antídoto para borrar el pasado,
que antes de ella tuve…
Sé que existe
al igual que mi tristeza solitaria,
por estar sin estar a su lado.

Sé que existe
como mueren seres en el universo,
como la gente camina.
Sé que existe
y tan profunda en mis venas,
que conoce todas mis entrañas.
Sé que existe
como esta cárcel Federal,
que me retiene sin justificación ya.
Sé que existe
porque por mis poros puedo respirar su aroma.
Sé que existe
porque existo en su existencia,
como una huella de su pasado;
y además también, siempre existe en mí…

22- <u>NO TE DEJARÉ DE AMAR</u>

Aunque pasen los años, la vida y el llanto,
no te dejaré de amar.
Yo que fui a la orilla y tú eras caviar.
Soy la espada del corsario,
las sábanas blancas de tu ser.
No te dejaré de amar
como los cosmonautas investigar.
Serás la vela de mi recuerdo,
el tallo de las amapolas.
Venceré en mil batallas
a los fantasmas de Belcebú;
iré a desafiar el Olvido
para no dejarte de amar.
Mi bandera la voy a izar
en la base de tu Pasado.
Buscaré la cordillera de Los Andes,
la hipotenusa del tiempo,
todo basado en tu vientre.
Es tu pelo mi vagar,
el amor de volverte amar.
Y te creo concebida
con el hilo de mis versos,
pero no te dejaré de amar
hasta que la muerte,
me venga a matar.

23- ¿QUÉ ES TODO SIN TI?

Le apuesto al desvelo que no vencerá,
que una nube del Norte me nublará.
Enciendo cigarrillos que nunca fumaré,
que, al camino perdido, cien a uno, aposté.
¿Qué es todo sin ti? Ya ves, un retoño,
una maloja con espantos del maizal en otoño.
Si cuento mis poros, lo hago frente al espejo
y todo sin ti, es cero, un mal complejo.
Recorro de nuevo las lomas de Fuerteventura;
soy listo para cazar moscas por aventura.
Pero ¿de qué me sirve todo esto recorrer?
¿Qué es todo sin ti? Si es nada tener…
Me perfumo con cerezas en una caverna,
sueño el pedazo de estar contigo en vida eterna.
Le limpio los zapatos al peregrino pasado
y se queda boca arriba, a los cordones atado.
¿Qué es todo sin ti? Cuando en las cenizas
un pistilo del dragón de mis premisas,
avanza con un ejército de oro y derrota;
no puedo ser rico sin ti, sólo un alma rota.

24- ¡QUÉ TE CREES TÚ!

Dices lo que piensas de otro, pero no tienes el valor de decir lo que sabes de ti. Te crees omnipotente y te equivocas, porque para omnipotencia está Alá; el único bien capaz de ser justo. Si imaginas y te fías de Darwin, dime entonces, ¿dónde está tu cola? ¿Por qué no estás todavía en la selva o en el zoológico comiendo granos de maní?

El problema es que no quieres control, no deseas ser inferior a nada ni nadie, pero vuelves y te equivocas; porque saliste del polvo y hacia el polvo irás. Y si te es difícil creer que el Todopoderoso, a mí me resulta más estúpido creer en la teoría Darvinista; cuando llevo por dentro un espíritu que me habla y me separa de la materia.

¿Qué te has creído tú? ¿Qué saliste de dónde? ¿Qué tus padres te hicieron por sexo? ¡No! Te equivocas… Tu descendencia es de un Ser celestial, del Amo y Señor de los siete cielos. Tú quebraste la eternidad por tentaciones. Te ganó el orgullo en vez, de la paz.

25- <u>LO QUE ME SALE DEL PECHO</u>

Me sale del centro del pecho una verruga,
unos fragmentos jugosos de los poemas de Neruda
y hasta los capullos abandonados de las orugas.

Cada noche puedo verte,
pensar que he tenido mucha suerte,
tropezarme contigo y conocerte.

Dándole aquí a la vid hachón de voluntad,
a los objetivos que explotan la realidad;
soy el preso que añora la libertad.

Pero, tú no apareces ni soñando,
me paso horas gastándome y esperando,
lo que tanto he estado anhelando.

Porque estoy encerrado en este baúl,
hasta donde la carie del cordal es azul,
después que a uno lo trancan en este cavul.

Aunque no importa porque suelto tanto,
que mi amor por ti vence al llanto
y la alegría a la tristeza, le da espanto.

Lo que me sale del pecho eres tú,
como los poderes misteriosos del Vudú,
como la magia escondida de algún hindú.

Y así venzo la soledad de mi ser,
porque pensando en ti estoy Mujer;
aunque no aparezcas en este perecer.

26- <u>**AMIGO DESCONOCIDO**</u>

No soy su amigo ni enemigo,
ni me es conocido o desconocido;
pero este viejo es mendigo
y de su dolor soy testigo.

Así lo veo yo, envuelto en canas,
a veces alegre en las mañanas;
hay días que parece sin ganas,
que aborrece hasta las manzanas.

Viaja de un lado a otro,
como caballo que nunca fue potro;
y aquí en la celda lo conoce todo,
porque la cabalga de cualquier modo.

Está enfermo del corazón,
pero más dolido está su gorrión;
sé que su enfermedad es la prisión
y pone el marcapasos de justificación.

No es mi amigo desconocido,
pero es mi enemigo conocido;
porque a veces me halaga y ayuda,
aunque otras sus pulgas son agudas.

27- <u>CAMBIÉ MI VIEJO CAMINO POR UNO NUEVO</u>

Como el agua del jarrón,
como el viento entona otra dirección;
yo cambié hasta mi caparazón.
No podía seguir cargando en mi mochila
recortes tontos por un gorila,
que quiso dirigirme la vida en una isla.

Comencé metiéndome en la ducha caliente,
cambiando primero la piel indecente
por otra marca, que tenga Presente.
Después con ayuda psicológica todo lo olvidé,
desde un caballo hasta mi último acné;
¡gracias que al viejo camino abandoné!

Ahora mismo, puedo andar descalzo,
porque por este nuevo camino la verdad enlazo
y una vez más, la victoria alcanzo.
Ya encontré lo que buscaba,
escogí lo que siempre no encontraba;
hasta tengo la mujer que no pensaba.

Así, poseo una paz con conciencia,
aparento mi auténtica y real apariencia;
no me desespero porque hallé paciencia.
Negocié un record antaño por un nuevo camino,
descargué las fuerzas malignas del destino;
sólo haciendo Bien y sin beber vino.

28- <u>CITA</u>

Era un transeúnte de una isla,
con huellas de picadas por farándulas.
No puse ni siquiera una sigla
para por suerte, encontrármela.
Con Ferry de sueños navegados
busqué la puerta de aquella taberna.
Me hice socio del cantinero
y casi borracho le canté un bolero.
Un círculo igual no iba a encontrar
para tener un trozo de amor, luego del bar.
¿Quién lo diría? Después, de la borrachera,
yo obtendría la segura manera
para no pasar solo, en la cama la noche,
o meterme en la parte posterior del coche.
De no haber sido por ella,
hubiera cogido herrumbre mirando las estrellas.
Pero al otro día, nos dimos la cita,
y me perfumé y le llevé una florecita.
Otra noche llegó y una vez más, me embriagué…
Era tan trigueña que ardía mi piel, y la dejé;
largándome por las sábanas húmedas de su lado
y entre la metafísica de aquel tornado,
perdí la pulsera, el reloj y mi pasaporte,
tanto que al día siguiente me fui de resorte,
Encima del Ferry rumbo a Madagascar.
¡Aquella isla, nunca la podré olvidar!

29- <u>EL PLANETA MURIENDO</u>

Después de la tecnología, los descubrimientos científicos, los movimientos alrededor de la tierra y la luna. Ya no me cabe ninguna duda, que el planeta va muriendo. Los sabios del bien ayudaron, pero, los del mal y del egoísmo al planeta encenderán. Y así me voy liberando la conciencia, dejándome resignar, con morir en el fuego. Porque no habrá necesidad de llegar al infierno. Este planeta va a arder solo.

Al mundo contaminándose y los responsables en sus penthouses, gozando de la vida, según piensan ellos... Aquí el miedo cubre con nubes el espacio. La lógica negocia con la economía de la inmoralidad. Sienten y niegan la verdad. Se nota como cubren sus cuerpos elegantemente con frac. Pero, esa cursilería lo alejan más de la realidad...

Y mientras este planeta va espantándose, con los residuos que expulsan las industrias. Por las cuentas con la deuda externa, toda esa pacotilla que tiran. Por la boca con gran orgullo comercial. Pobre de mi planeta, lo están llevando el mismo suicidio.

30- <u>TAN FÁCIL: DECIR TE QUIERO</u>

A veces me pasa así, lo difícil de la sencillez;
¡para qué intentar tantas metáforas sin madurez!
Si es tan fácil decir te quiero, te amo;
o por consecuencia te extraño y te llamo.

No hay que rebuscar tanto cuando te siento,
cuando en cada sitio de mi adentro presiento.
Es tan fácil decir: *te quiero*, como hablar;
no imaginarme otra forma de amar…

Hay rosas tan rojas como tus labios hermosos,
pero que tus labios son más bellos y carnosos.
Tengo tantas maneras simples de decirte: *Amor mío*,
como llevarte a nadar en perfume al río.

Conozco sin dilemas las facilidades del Querer,
que, diciéndote con cariño, sólo te quiero a ti, mujer;
te hago tan feliz que ardes por la felicidad,
y, sobre todo, porque te justifico con la realidad.

Tan fácil decir: *te quiero,*
que en las noches no duermo;
que las entrañas me muerdo
y sin ti, más me desespero.

Y no hay días ni segundos,
en que no piense en ti;
sólo compongo versos en este mundo,
que por estar contigo, estoy aquí.

31- <u>MI GATO MITCHEL</u>

Mi gato Mitchel se lava la cara
al menos, una vez al día;
se levanta al mediodía
y su pereza no para.

Mi habitación apesta
como un latón de basura;
y maullando me censura
si le propongo una apuesta.

Mi gato no siente nada
ni por su mismo ropaje;
y si destapa el equipaje
apesta hasta la madrugada.

Se contempla en el espejo,
no sé si se cree bello;
o si se ve su atropello
y piensa que se pone viejo.

Le tiene al agua xenofobia,
riega pelos por cada lado;
se va a quedar pelado
si continúa con esta fobia.

32- <u>HOY CUANDO CAIGA EL CREPÚSCULO</u>

Hoy cuando se esté poniendo el sol, cuando la tarde se termine… Será un sábado nocturno alegre porque el crepúsculo me hace sentir. Puedo colmar con maravillas mi sensibilidad, debajo de los cielos de mi piel, en busca de agrandar mis pasiones. Pero en este horizonte aparecerá ella, con una sonrisa color violeta y entre amalgama de colores, la veré, como un arcoiris en la noche. Ya el sol para entonces dormirá, con sus párpados agotados por el diurno, pero ella aparecerá para sustituirlo, con esa caricia tibia entre mis poros.

Hoy cuando caiga el crepúsculo, sentiré ese espacio de éxtasis, con el roce caluroso del viento invisible, que se desprende desde el mar hacia a mí. Borraré la nostalgia del nublado pesar, porque la belleza del crepúsculo es tan grande, que la comparo con ella, por ser tan hermosa y dulce, tan perfecta como la naturaleza del atardecer. Cuando va cayendo el sol, y vaya creciendo en la quimera la luna… ¡Así la amo!

33- <u>A PAPÁ ENOEL</u>

Nunca hallaremos en prisión
a un hombre tan servicial y noble;
con fieles gestos de corazón
como este padre, hecho de roble.

Es aquí en mi casa oscura,
otro padre más, Papá Enoel;
él me cambia por alegría la tortura,
tanto a mí, como al amigo Morel.

Siempre que lo veo cambio,
la angustia se me vuelve olvido;
parezco estar libre y sin agravio,
como si la pereza, se hubiese ido.

No hay mejor consejero
que el amable Papá Enoel;
uno a su lado ignora al carcelero,
¡y bien lo quieren Gómez y Montiel!

Esta cárcel Federal es algarabía
como un dulce canto de cigarra;
cuando Papá Enoel saca melodías
del seno de su vieja guitarra.

Si me voy, es porque tengo,
es la Federal y sus leyes;
pero hoy lo digo y lo mantengo,
que mi sangre, es rey de los reyes.

Y si Rosa lo necesita a veces,
no es por chota, es por inteligente;
porque da agua para los peces
y sabe bregar con la gente.

Esta plaza sin él no existiría,
¡quién controla esta loca jauría!
Por eso Dios lo bendice cada día
cuando le entona su melodía.

Aquí y allá fuera, será mi Papá,
esa primera luz que me alumbró;
la respuesta que no tiene quizá,
la amistad que nunca se vio.

34- <u>QUIZÁS NOS VOLVEREMOS A VER</u>

Cuando las canas vengan cayendo sobre mi pelo,
como la nieve cubriendo el inmenso suelo;

seguro ya, tú estarás lejos de pensar en mí,
tal vez, en busca de tejidos para vender por ahí.

No sé si tendré nietos o si tú tendrás los tuyos,
pero sé, que cada oruga guarda amor en sus capullos;

luego que pasaron sus metamorfosis en ese calor,
cuando les llegó esa vicisitud para cambiar de color.

El tiempo pasa y no envejece, evoluciona mi recuerdo;
es una montaña regada que aumenta en mi Ser cuerdo.

Pero, quizás nos volveremos a ver, porque así es la vida,
como los astros que se cruzan y no tienen medida.

Podremos hasta vernos de frente y tú preocupada,
con cansancio de los años, y en tu mirada

allí veré, esa pizca del pasado recostando reproches,
y entonces, juntos recordaremos, momentos y noches.

Pero todo será cuestión de suerte y más suerte,
porque yo tan viejo y ciego, casi no podré verte.

Sería como en la obscuridad colar el hilo dentro,
introducirlo exactamente en el ojal por su centro.

Quizás, nos volveremos a ver y no conocernos,
aunque hayamos implorado siempre el volver a vernos.

Y será tarde, como lo que tiene que llegar,
pero con el tiempo, nunca llega después de esperar.

Así será, cuando el destino nos juegue;
puede ser que nos veamos o que jamás llegue.

35- <u>ZURCIENDO LA EXISTENCIA</u>

Estoy tratando de entrelazar los segundos, entre las variaciones de los minutos. Buscando lo perdido y lo no encontrado. Tejiendo las horas funestas con mi vida. Estoy atrapando la existencia con la punta de los dedos engrasadas, donde se resbala y me es difícilmente, sacar la visión a flote. Voy llevando los hilos de las experiencias, al ojal de la aguja paz espiritual.

Cociendo con sedas y oropel mis conductas, para así acabar de tejer, mi manta de madurez. Trabajo fuerte en este intervalo vivo, busco meter el amor por el hoyo del corazón, por los ventrículos de su sanguínea confusión. Ayer tiré un lazo a la nostalgia y recordé los amargos vinos del pasado. Ya le saqué un filete a mi trayectoria, mientras zurzo con pasos firmes mi visa. Nadie puede conocer en esta plataforma esférica y giratoria sobre mi existencia.

Yo soy una verruga en una pirámide oculta, el loco aquel que va zurciendo con su pelo, la paciencia con las realidades emotivas. Seguiré cociendo mi existencia aquí, en esta creación que hay que aceptarla tal y como es…

36- <u>CIEN DÍAS SIN VERTE</u>

Carta pasional:

¿Quién diría que nuestros sueños fueran imposibles?
Un deseo improvisado con pasos de fracasar visibles.

Hoy estoy aquí, agobiado en una penumbra fría;
aquí, en la Unidad ni es de noche ni es de día…

Sí, estoy preso con el lamento además de no tenerte,
y voy gastando centavo a centavo sin verte.

Sabes, el significado de estos largos cien días
que se pierden, sin hablarte con melancolías…

He contado cada gota de lágrimas que derramo,
que, aunque no salgan de los ojos, salen del Reclamo.

Porque aquí lloro por dentro, con angustiada esencia;
en estos tres meses que se necesita tu presencia.

En la pasión de mi cielo, ganas de volverte a ver;
soy un reo enjaulado por doble causa sin poder

al menos, estar libre y por ti sentir pasión;
aquí se siente más tu imagen y apasionado corazón.

Son cien días sin verte, te veo tan lejana
que resumo la existencia en noche y por la ventana,

sobre todo, en el balcón que te tiendo sin ropa.
Se nos han quedado muchas cosas en la vieja Europa,

pero a mí, ahora, te me quedas tú, sola conmigo,
donde los hombres son sólo niños del castigo.

La distancia no es olvido, porque ahora más te quiero,
es este espacio se aprende analizar más el sendero.

Sólo que ya aprendí amarte… Fin.

37- <u>DESDE TI</u>

Desde Varadero hasta Canarias,
por las fronteras de Tailandia;
voy a devorarte con mi colmillo
y a tu dedo, pondré anillo.

Desde mi conquista hasta ti,
en las montañas de Haití;
están las manchas de mi destino
por tropezarme en tu camino.

Desde ti sale un vuelo,
que me atrapas de señuelo…
No hallo más que un aeropuerto
para volar con amor cierto.

Yo oculto las caras indígenas
para que las cuevas sean ajenas;
porque desde ti, salgo oscuro
por la claridad que murmuro.

Desde esta tierra hasta el cielo,
yo me convertiré en tu pañuelo;
para que seques en mí tu perfume,
así, verás que, desde ti, todo se resume.

38- <u>11 DE SEPTIEMBRE</u>

Aquella noche anterior
mis sueños fueron nulos;
di más de mil volteretas
en la cama a lo oscuro.

En la mañana la pereza
buscaba saber que ocurriría;
cuando de pronto a mi cabeza,
la sorprendió la luz del día.

La radio anunció lo triste,
¡a Nueva York en humo!
Y la tele todavía persiste
en el terror que hubo.

Mi mal dormir fue real,
algo acontecería en el mundo;
La Biblia refugia el ideal
que el fin, está al punto.

Fue triste, es triste esto…
El crimen del 11 de septiembre;
y para los terroristas pretexto,
justificando con el 24 de diciembre.

Seguro estoy que Jesús no reía
ni justificaba tal masacre;
en todos los casos lloraría,
por este cruel desastre.

Mi cuerpo estaba anestesiado,
mi mente no avanzaba;
Manhattan por un costado,
observó como las Torres explotaban.

Fue negro, es todavía negro…
¡Pobres Torres ya muertas!
Sus hijos en sus adentros,
¡vivirán en almas ciertas!

39- <u>VETE CON ÉL</u>

Aunque estas tardes siguientes
me den sensaciones tristes;
no creas porque te fuiste,
que los pasados son presentes.
Las costumbres son crecientes
del diluvio ya vivido;
son aguas de un escurrido
que el Quizá, puede secar.
No dudo que sepa amar,
sin saber que, en ti, he sido.

Vete con él. Ves la puerta,
aquella lágrima cuelga…
Cuando cierres habrá huelga
pero es despedida cierta.
Mi alma no suspirará muerta
porque conozco tu ser;
con tu deseo del placer
que nos enseñamos juntos.
Conmigo hacías conjuntos;
con él, no vas a poder.

40- <u>ME ATAN TUS RECUERDOS</u>

¿Dónde están tus caricias, tu Ser?
En cada paso voy pensando en ti…
Los mares dan las rosas que di,
en desventajas del buen placer.

Y yo recuerdo nuestros momentos,
toques que me diste al amar.
Quiero tu piel volver a tocar,
eres ramaje en mis sentimientos.

Vas pasando por adentro, Vida,
cruzando muertes como heroína.
Y sé que habitas cristalina
en mi puerta y alma querida.

Los bordes de los besos estrenan
pasiones rebeldes que no tengo;
es amor que, por ti, yo mantengo,
sin olvidar tus ojos que me frenan.

Me atas y me acuerdo, Amor,
son cosas que ruegan existir;
es imposible poder sentir
que no desee, todo tu calor.

41- ¡MUJERES! LOCURA PARA HOMBRES

La mujer es el mejor perfume
usado en la piel de cada hombre;
es el sistema de hacer resumen
clavándose hasta con su nombre.

Son las magníficas musas hechas,
la inspiración del poeta y pintor;
las mujeres son la mar más estrecha,
los ingredientes del buen amor.

¡Mujeres! Locura para hombres,
el plectro para cantar más;
de dar riquezas a los pobres,
de darles felicidad al Jamás…

Son las magnificas musas hechas,
la inspiración del poeta y pintor;
las mujeres son el mejor perfume,
los ingredientes para un creador.

42- <u>EL CAMPO ESTÁ EN MIS ENTRAÑAS</u>

Nunca olvidaré mi formación
entre yerbas y naturaleza;
ni la hilera inmensa de piñón
que rodeaba nuestra fortaleza.

Recuerdo que sembré fríjol,
que el ganado era mi amigo;
y utilizaba su estiércol
para abonar el trigo.

Junto a los pollitos al amanecer,
unos coros de aves alegraban;
y me daban un gran placer
despertándome con lo que trinaban.

El mango con los guayabales,
los caballos en los potreros;
hicieron en mí, deseos reales
como para buscar otros senderos.

El campo está en mis entrañas
y hasta en mi sangre hay tierra;
en mi piel hay todavía telarañas
y en mi pierna, mordiscos de la perra.

43- <u>SIEMPRE EN MI VIDA ESTARÁS</u>

Siempre en mi vida tendrás
un lugar para ti;
en cada rinconcito hallarás
lo que más te di.

Echaré a un lado el orgullo,
siempre en mi vida estarás;
porque, aunque ayer fui tuyo,
hoy, tú todo me lo darás.

Ven, con tu maleta y sonrisa,
trae tu pañuelo en la cabeza…
Devuélveme de nuevo la brisa
para quitarme la pereza.

En mi vida está tu espacio,
en cada fibra de mi carne estás;
quiero besarte toda despacio
para no perderte jamás.

Vuelve que nunca te dejaré,
recoge tus deseos y cosas;
que porque yo te abandoné
ahora, te recompenso con rosas.

44- <u>FACETAS DE PRESIDIARIO</u>

Parezco una jicotea con un carapacho
todas las mañanas,
cuando me meto en este mamarracho.
Hay que verme la cara,
luzco como el agua sucia del toilette
cuando hace días que no se descarga.
Aquí, he aprendido tanto,
así como la necesidad puede enseñar
mucho más que la Universidad.
Aquí, amo mis reducidas cuatro paredes,
he reconocido que el mundo exterior
es demasiado grande;
después de ver en cuadritos estas redes.
El respeto que no le tuve nunca a mi padre
en el destino entero,
aquí se lo tengo al consejero.
Y aunque no me gusten muchas cosas,
sé que la vida trae espinas y rosas.
Aquí todo, son enseñanzas diarias,
recojo filosofías e historias,
me aplico a estas facetas de presidiario.
Se entiende fácilmente
que no necesitamos tener un castillo,
ni el dinero llenando nuestros bolsillos.
Aquí, se descubre tu escondida capacidad,
percibes por primera vez la verdad.
He visto una vez más,
que el huevo jamás ha podido vencer a la piedra.
Aquí, entre las rejas
eres igual a un asesino o ladrón;
simplemente, que todos somos iguales,
donde se pone a tono otro mandamiento.

Aprendí ya amar a mi prójimo,
a no valorar a nadie por sus inmoralidades,
ahora uso el pensamiento.
También he pensado muchas veces,
que hay menos presos criminales que estúpidos;
esos han sido producto de la idiotez.
Mi conciencia se confiesa a la cama,
y esto me hace cada vez, sentirme más libre,
porque para sentir libertad,
no hay que estar en la calle;
sólo tienes que estar libre dentro de ti
y entonces no importa,
geográficamente donde estemos.
Estas son mis postdatas diarias,
porque condenado vivo,
en las facetas de presidiario.

45- <u>AÚN ME RECUERDAS</u>

Carta I:

Aún me recuerdas,
sigo siendo el mismo que he sido…
El que moja el pan en la leche
por las mañanas al desayunar;
y me bebo una taza de café
que la utilizo para merendar…
Continúo sin comprender,
porque no puedo ver
la carie de mi muela
tan cerca que de mí está…
Y, sin embargo,
si puedo verte donde estás.

Tengo otro corte de pelo
con una pálida tez,
que luzco blanco como un papel,
y en las noches sigo con tos y desvelo.

Soy todo un archipiélago de flaquencia,
partes negras de cualquier bacteria.
Pero sigo así,
preguntando si aún te acuerdas de mí.
Ya he visitado un par de psicólogos,
leí mil veces a una gran sexóloga,
hasta por último un sociólogo
me recetó varios análogos.

Y aún me recuerdas
cuando siempre en las madrugadas,
dormía abrazado a tu carrocería
y en los fines de semanas,
íbamos de compras por todo un día.
Si te pudieras acordar,
de mis detalles después del beso,
que nos despedía al desayuno…
Y a la hora de almorzar,
luego de haber regresado de la merienda
que le preparabas a los niños.

No sé si son caprichos
o en mi cerebro habrá alguna clase de bicho,
que me hace proyectar mi psiquis
basada en: *Si aún me recuerdas*.

Pero lo cierto es
que te acuerdes o no,
no tienes que preocuparte…
Sólo quería descubrir
si aún de mí,
logras acordarte.

OASIS&ALAMBIQUE
PUBLISHING